MASCOTAS INUSUALES

PAT JACOBS

Traducción de Santiago Ochoa

Crabtree Publishing Company

www.crabtreebooks.com

CRABTREE
PUBLISHING COMPANY
WWW.CRABTREEBOOKS.COM

Published in Canada	**Published in the United States**
Crabtree Publishing	Crabtree Publishing
616 Welland Avenue	347 Fifth Avenue
St. Catharines, ON	Suite 1402–145
L2M 5V6	New York, NY 10016

Published by Crabtree Publishing Company in 2021

Author: Pat Jacobs

Editorial director: Kathy Middleton

Editor: Elizabeth Brent

Translation to Spanish: Santiago Ochoa

Edition in Spanish: Base Tres

Cover and interior design: Dynamo

**Production coordinator
 & Prepress technician:** Tammy McGarr

Print coordinator: Katherine Berti

Photographs
iStockphoto: Topaz777: p. 27 (top)
Shutterstock: p. 1, 5 (top right), 6–7 (bottom), 8 (bottom left), 12 (food and bottom left), 17 (top right), 23 (apple and carrots), 26, 27 (center right and bottom), 31
All other images courtesy of Getty Images iStock

Printed in Canada/102020/CPC

Library and Archives Canada Cataloguing in Publication

Title: Mascotas inusuales / Pat Jacobs ; traducción de Santiago Ochoa.
Other titles: Unusual pet pals. Spanish
Names: Jacobs, Pat, author. | Ochoa, Santiago, translator.
Description: Series statement: Mascotas amigas | Translation of: Unusual pet pals. | Includes bibliographical references and index. | Text in Spanish.
Identifiers: Canadiana (print) 20200293567 |
  Canadiana (ebook) 20200293575 |
  ISBN 9780778784470 (hardcover) |
  ISBN 9780778784692 (softcover) |
  ISBN 9781427126696 (HTML)
Subjects: LCSH: Pets—Juvenile literature. |
  LCSH: Pets—Behavior—Juvenile literature.
Classification: LCC SF416.2 .J3318 2021 | DDC j636.088/7—dc23

Library of Congress Cataloging-in-Publication Data

Names: Jacobs, Pat, author. | Ochoa, Santiago, translator.
Title: Mascotas inusuales / Pat Jacobs ; traducción de Santiago Ochoa.
Other titles: Unusual pet pals. Spanish
Description: New York : Crabtree Publishing Company, 2021. | Series: Mascotas amigas | Includes index.
Identifiers: LCCN 2020031860 (print) | LCCN 2020031861 (ebook) |
  ISBN 9780778784470 (hardcover) |
  ISBN 9780778784692 (paperback) |
  ISBN 9781427126696 (ebook)
Subjects: LCSH: Pets--Juvenile literature.
Classification: LCC SF416.2 .J3318 2019 (print) |
  LCC SF416.2 (ebook) | DDC 636.088/7--dc23
LC record available at https://lccn.loc.gov/2020031860
LC ebook record available at https://lccn.loc.gov/2020031861

ÍNDICE

MASCOTAS INUSUALES

Si buscas un amigo mascota que sea diferente, mira a estas geniales criaturas.

MAGNÍFICOS MASTICADORES

Las chinchillas son **roedores** suramericanos. Estos activos animales necesitan jaulas grandes y altas con mucho espacio para saltar y trepar. Los dientes de los roedores nunca dejan de crecer, así que tienen que masticar para desgastarlos. Dale a estas mascotas muchas cosas que puedan masticar en sus jaulas, de lo contrario podrían roer los muebles cuando las dejes salir.

REPTILES EXTRAORDINARIOS

Los **reptiles** como las serpientes y las tortugas son criaturas de **sangre fría**, por lo que necesitan tomar el sol bajo una lámpara de calor para elevar su temperatura corporal. También necesitan una lámpara **ultravioleta (UV)** para mantenerse sanos. Los reptiles pueden ser portadores de una enfermedad llamada salmonela, por lo que es muy importante lavarse las manos después de manipularlos.

ANFIBIOS ASOMBROSOS

Los **anfibios** comienzan su vida en el agua, luego les crecen las piernas y los pulmones. De adultos, algunos viven en la tierra y otros pasan todo o parte de su tiempo en el agua, pero todos necesitan condiciones de humedad y lugares oscuros para esconderse. Los anfibios tienen una piel sensible y delicada, y deben ser manipulados lo menos posible. Los miembros de la familia de las salamandras, incluyendo los ajolotes y los tritones, pueden crecer de nuevo sus miembros perdidos.

INVERTEBRADOS INTRIGANTES

Los insectos y las arañas son **invertebrados**. Sus cuerpos están protegidos por una dura capa exterior llamada exoesqueleto, que les permite vivir en lugares donde otras criaturas no sobrevivirían. El exoesqueleto de un insecto no crece, así que tienen que desprenderse de él a medida que crecen. La muda o cambio de piel es un momento peligroso en la vida de un insecto, ya que su nuevo exoesqueleto es muy delicado hasta que se endurece.

GRANDES CONSEJOS

- Nunca adoptes un animal que haya sido sacado de su hábitat natural. Puede tener **parásitos** y transmitir enfermedades, además no se **adaptará** bien a la vida como mascota.

- Algunos de estos animales tienen una vida sorprendentemente larga, así que piensa si serás capaz de cuidar de tu mascota por el resto de su vida natural.

- Es mejor mantener a tus inusuales amigos en parejas o grupos de un solo sexo, o podrías terminar con muchos bebés para quienes tendrás que encontrar un hogar.

- Nunca liberes a una mascota no deseada en la naturaleza. Los animales que han sido mascotas rara vez tienen las habilidades para sobrevivir y podrías alterar el equilibrio del entorno natural.

- Considera la posibilidad de adoptar a una mascota. Tener un animal mayor es una buena solución si no estás seguro de poder cuidarlo durante 20 o 30 años.

CHINCHILLAS

Las chinchillas son animales **nocturnos**, por lo que duermen durante el día. Son activas temprano en las mañanas y al final de la tarde, y necesitan que las dejen salir de su jaula al menos una vez al día. Pueden vivir más de 15 años.

DOS ES COMPAÑÍA

Una chinchilla se sentirá sola, así que necesitará al menos un compañero. Es mejor elegir compañeros de camada del mismo sexo, o un macho y una hembra **esterilizados**. Si las chinchillas no se conocen, mantenlas en jaulas separadas, pero que estén lado a lado, hasta que se acostumbren a sus respectivos olores. Cuando las pongas en la misma jaula, coloca sus camas en extremos opuestos y dales baños de polvo separados (ve la página 7) hasta que sean amigas.

ESPACIO PARA TREPAR

Las chinchillas necesitan una jaula grande con plataformas para saltar y ramas para trepar. Tienen un pelaje muy grueso y pueden sobrevivir a bajas temperaturas, pero las corrientes de aire son peligrosas, así que mantenlas en el interior. La jaula debe estar alejada de calefacciones y de la luz solar directa, porque pueden sobrecalentarse con facilidad. Si las orejas de tu mascota enrojecen, es porque hace demasiado calor. Las chinchillas necesitan un nido lleno de heno que sea lo bastante grande para acurrucarse juntas, con una caja extra para que puedan dormir solas si quieren su propio espacio.

DOMESTICACIÓN Y EJERCICIO

Antes de dejar salir a tu chinchilla de su jaula, tendrás que **domesticarla** para poder atraparla. A las chinchillas les encantan las pasas, así que entrena a tu mascota para que vaya hacia ti por una pasa y luego acaríciala suavemente bajo la barbilla. Temprano en la noche es un buen momento para dejar salir a tu chinchilla. Mantenla encerrada en un espacio pequeño y obsérvala con cuidado. A las chinchillas les encanta explorar y masticarán cualquier cosa, incluyendo los cables eléctricos, ¡lo cual es muy peligroso!

ALIMENTACIÓN

Las chinchillas necesitan vitamina C, por lo que las bolitas para chinchillas son el mejor alimento para ellas. El heno de buena calidad proporciona fibra y también desgasta sus dientes. No les des demasiadas golosinas, ya que una dieta pesada puede enfermarlas. Siempre deben tener agua potable fresca.

LIMPIEZA

Las chinchillas limpian su piel bañándose en polvo fino, por lo que necesitarás un baño de polvo para tu mascota. Puedes comprar polvo de chinchilla en las tiendas de mascotas, y debes cambiarlo alrededor de una vez por semana. Nunca uses arena porque es muy áspera, ni le pongas agua a tu chinchilla. Si se moja, sécala con una toalla de inmediato.

LA MASCOTA HABLA

¡Me encanta jugar con cajas de cartón! Por favor, pon una o dos en mi jaula. Probablemente las masticaré, así que asegúrate de quitar cualquier grapa o cinta plástica.

DEGUS

Los degus son mascotas lindas. Son activos durante el día, raramente muerden, les encantan las casas concurridas y recibir mucha atención de sus dueños. Son animales sociales y deben ser mantenidos en parejas o grupos. Viven de cinco a nueve años.

Los degus necesitan un baño de polvo al menos dos veces por semana para mantener limpio su pelaje.

LA MASCOTA HABLA

Por favor, agárrame por debajo de mi cuerpo. Si me agarras desde arriba, pensaré que me estás atacando.

ALIMENTACIÓN

Puedes comprar bolitas para degus que proporcionen todo lo que necesitan para mantenerse saludables. El azúcar es muy malo para ellos y pueden contraer diabetes fácilmente, así que no alimentes a tus mascotas con frutas o vegetales muy dulces como el maíz. Disfrutarán de algunos vegetales de hojas y siempre deben tener un poco de heno de buena calidad en su jaula para mordisquear.

COMPORTAMIENTO DEL DEGUS

Los degus son animales sociales y se comunican usando ruidos como trinos, chirridos, silbidos y gruñidos. Vienen de Chile, donde trabajan juntos para construir complicadas madrigueras con áreas de anidación y bodegas de alimentos. Los degus tienen visión ultravioleta, las marcas blancas en su pecho reflejan esta luz. Las marcas se pueden apreciar cuando se paran sobre sus patas traseras para dar una señal de alarma.

COMODIDADES EN EL HOGAR

Estos activos animales necesitan grandes jaulas con mucho espacio para hacer ejercicio y diferentes rampas y niveles. Si la jaula tiene un piso de malla de alambre, cúbrela con cartón o estera de cáñamo, de otra forma lastimará las patas de tus mascotas. A los degus les encanta cavar y **excavar**, así que disfrutarán de una caja llena de arena o abono para macetas y de algunos túneles de tuberías de arcilla. Pueden sobrecalentarse fácilmente, así que deben mantenerse a una temperatura inferior a los 68ºF (20ºC), y odian los ambientes húmedos o mojados.

CRIATURAS INTELIGENTES

Los degus son curiosos e inteligentes: los científicos pudieron enseñar a algunos a usar un rastrillo para conseguir comida y pueden ser entrenados para usar una caja de arena. Las ramas de árboles como el manzano, el peral, el roble, la haya o el fresno mantendrán a tus mascotas ocupadas y les darán algo que roer, también disfrutarán con una pelota o una rueda de ejercicios.

ES BUENO SABERLO

Los degus tienen dientes color naranja. Si se vuelven blancos es una señal de que no están bien. Nunca debes agarrar a tu degu por la cola. Puede despojarse de la piel de su cola y salir corriendo. Así es como escapan de los **depredadores**.

SERPIENTES

Con una manipulación frecuente y un cuidado adecuado, una serpiente puede ser una mascota amistosa y gentil. Muchas viven más de 20 años, así que mantener una serpiente es un compromiso a largo plazo. Recuerda que necesitarás a alguien que esté dispuesto a cuidar a tu resbaladizo amigo si te vas.

INSTALANDO UN TANQUE

Las serpientes necesitan un tanque a prueba de fugas que sea lo bastante largo para que puedan estirarse completamente. El ancho y la altura del tanque debe ser al menos un tercio de la longitud de la serpiente. Coloca una lámpara de calor sobre un lado del tanque, donde la temperatura debe mantenerse entre 82.5 a 86°F (28 a 30°C). El lado frío del tanque debería estar entre 68 a 75°F (20 a 24°C). Las serpientes también necesitan una lámpara ultravioleta. No toman agua, pero necesitan un tazón con agua para empaparse que sea poco profundo y ayude a mantener húmedo el aire del tanque.

ALIMENTAR A TU SERPIENTE

Las serpientes comen animales pequeños, así que debes estar preparado para manipular ratones bebés congelados, ratas o pollitos. Nunca alimentes a tu serpiente con roedores vivos porque podrían morder a tu mascota. Asegúrate de que la serpiente acepte **presas** muertas antes de comprarlas porque algunas solo aceptan comida viva. Las serpientes pueden abrir mucho su mandíbula y tragar a su presa entera. Normalmente solo necesitan comer una vez a la semana, o cada dos.

LA MASCOTA HABLA

Por favor, asegúrate de que mi comida esté completamente descongelada antes de dármela.

CAMBIO DE PIEL

Las serpientes cambian de piel con frecuencia. Si tu mascota se esconde o deja de comer, o si su piel se ve opaca y sus ojos están nublados, puede ser que esté a punto de cambiar de piel. Este es un momento estresante para una serpiente. Puedes ayudarla asegurándote de que tenga un plato poco profundo de agua limpia para empaparse, y poniendo en el recinto algunas rocas lisas o madera de playa para que tu mascota se frote contra ellas y afloje la piel.

LAS MEJORES SERPIENTES PARA PRINCIPIANTES

- Las serpientes de cinta están alerta y activas durante el día. Las hembras miden unos 3 pies (91 cm) de largo, mientras que los machos son más pequeños. Viven hasta 10 años.

- Las serpientes del maíz son fáciles de cuidar, pero son expertas trepadoras y escapistas. Pueden crecer hasta 6 pies (183 cm) de largo y vivir hasta 20 años.

- Las corales ratoneras son serpientes de movimientos lentos que crecen hasta 6 pies (183 cm) de largo y suelen vivir hasta 20 años. Son nocturnas y siempre deben estar solas porque una serpiente puede comerse a la otra.

- Las pitones bola, también llamadas pitones reales, crecen hasta 5 pies (152 cm) de largo y pueden vivir hasta 30 años, ¡e incluso 50! Pueden ser quisquillosas para comer, así que antes de llevarla a casa asegúrate de que coma presas muertas.

TORTUGAS

Las tortugas son mascotas familiares maravillosas, pero necesitan mucho espacio y cuidado. Algunas tortugas viven hasta 30 años, y las especies más grandes pueden tener que ser trasladadas a estanques al aire libre cuando alcanzan su máximo tamaño.

ALIMENTACIÓN

Ofrécele a tu tortuga una variedad de alimentos, incluyendo carne y pescado crudos, insectos y gusanos vivos, caracoles, bayas y vegetales de hoja. También existen bolitas para tortugas. Las tortugas comen en el agua y el alimento no consumido cae al fondo. Esto ensucia el agua, por lo que muchos dueños alimentan a su mascota en un tanque separado o en un tazón que sea fácil de limpiar.

TANQUES DE TORTUGAS

Las tortugas necesitan agua tibia para nadar, así como un área seca donde puedan tomar el sol bajo una lámpara de calor. El tanque debe tener 20 galones (76 litros) de agua por cada 2 pulgadas (5 cm) de longitud del caparazón. La tortuga debería poder nadar sin llegar a la superficie ni tocar los lados o el fondo del tanque. El agua sucia causa problemas en la piel y en el caparazón, por lo que debes conseguir un filtro potente y limpiar el tanque con frecuencia. Las tortugas también necesitan una lámpara ultravioleta para mantenerse sanas.

Las tortugas salvajes no entran en completa **hibernación** en el invierno, pero sus latidos y su respiración se vuelven más lentos. Este proceso se llama brumación. Si mantienes caliente a tu mascota tortuga y con buena iluminación, no debería sentir la necesidad de entrar en brumación.

LAS MEJORES TORTUGAS PARA PRINCIPIANTES

- Las tortugas de caja solo crecen hasta unas 6 pulgadas (15 cm) de largo, por lo que son fáciles de manejar. Les encanta estar bajo una lámpara de calor temprano por la mañana y al final de la tarde.

- Las tortugas pintadas necesitan mucho espacio para nadar y prefieren no ser manipuladas. Pueden vivir más de 30 años y crecer hasta 10 pulgadas (25 cm) de largo.

- Las tortugas mapa tienen marcas atractivas y crecen hasta 10 pulgadas (25 cm) de largo. Necesitan agua limpia y mucho oxígeno, por lo que vale la pena añadir una **piedra difusora** al agua.

- Las tortugas de pantano pasan más tiempo en tierra que la mayoría de las otras especies. Rara vez crecen más de 5 pulgadas (13 cm) de largo, pero no son mascotas amables. Pueden ser gruñonas y a veces muerden.

- Las tortugas espalda de diamante son mascotas activas y curiosas que crecen hasta 8 pulgadas (20 cm) de largo y necesitan un gran tanque. En su hábitat natural, viven en agua **salobre**, por lo que es una buena idea añadir una pequeña cantidad de sal de acuario a su tanque.

DOMESTICAR A TU TORTUGA

Las tortugas son tímidas por naturaleza, así que tienes que ganarte su confianza. Empieza por alimentar a tu mascota con tu mano. Una vez que se acerque, intenta recogerla. Manipula siempre a tu tortuga con cuidado y recompénsala con una golosina. Lávate bien las manos después de tocar a tu mascota.

SALAMANDRAS

Las salamandras son nocturnas, pero pueden adaptarse a estar activas durante el día. Las salamandras tigre y de fuego suelen ser las que más comúnmente se adoptan como mascotas. Pueden vivir más de 10 años y las salamandras de fuego a veces llegan a los 30 años de edad.

ELIGIENDO A TU MASCOTA

Asegúrate de comprar una salamandra que haya sido criada en **cautiverio**. Elige una adulta, porque las salamandras jóvenes viven bajo el agua y necesitan cuidados adicionales. Las salamandras de fuego y tigre pueden ser mantenidas en pequeños grupos en un espacio grande, pero los machos pueden pelear por el territorio.

LA MASCOTA HABLA

Me gusta esconderme, así que por favor da golpecitos en mi tanque para avisarme cuándo es hora de comer.

ALOJAMIENTO

Las salamandras necesitan un tanque grande y fresco con una capa gruesa de tierra para macetas húmeda o trozos de corteza. También necesitan lugares para esconderse, como una maceta volteada de lado. Un plato de agua sin **cloro**, poco profundo, mantendrá el tanque húmedo y le dará a tu mascota un lugar para bañarse. Las salamandras necesitan una temperatura de entre 65 a 70°F (18 a 21°C), por lo que una habitación fresca es el mejor lugar para mantenerlas.

ALIMENTACIÓN

A las salamandras les gusta comer grillos, lombrices de tierra, gusanos de cera y otros bichos. La mayoría prefiere comida viva, pero las salamandras de fuego comen insectos muertos y gusanos picados. Alimenta a las adultas dos o tres veces por semana y retira la comida no consumida 20 minutos después. Nunca dejes bichos vivos en el tanque, ¡pueden dañar la piel de tu mascota!

MANTENIMIENTO DEL TANQUE

Las salamandras producen muchos deshechos y las **bacterias** se acumulan pronto en condiciones de humedad, por lo que debes limpiar el tanque todos los días y lavarlo a fondo con agua tibia y un cepillo cada semana. Enjuágalo con agua sin cloro después. Si aparece **moho** en el tanque, es porque está demasiado húmedo.

NO LAS TOQUES

Las salamandras tienen una piel delicada que puede lastimarse fácilmente. Si tienes que manipular a tu mascota, debes lavarte las manos con agua sin cloro y agarrarla con las manos mojadas. Algunas especies gotean **toxinas**, así que lávate las manos después de tocarla.

AJOLOTES

Con sus **branquias** con adornos y sus amplias sonrisas, los ajolotes son mascotas encantadoras. Este es un tipo de salamandra, también conocida como el pez caminante mexicano, está casi **extinta** en la naturaleza, pero es bastante común como mascota.

LA MASCOTA HABLA

Tengo mucha curiosidad, así que si cambias la disposición de mi tanque, tendré nuevos lugares para explorar.

SALAMANDRAS QUE NUNCA ENVEJECEN

Mientras que la mayoría de las salamandras viven en el agua como **larvas**, para luego trasladarse a la tierra, los ajolotes mantienen sus lindos rasgos de bebé y pasan toda su vida bajo el agua. Típicamente viven 15 años, y algunos alcanzan los 20.

HABITANTES DEL FONDO

Los ajolotes son muy activos y viven en el fondo del tanque. Es bueno incluir arena en el tanque, pero no uses grava, ya que los ajolotes la pueden tragar. Los ajolotes crecen hasta 10 pulgadas (25 cm) de largo y necesitan un acuario que contenga al menos 10 galones (37.9 litros) de agua. Asegúrate de que tu tanque tenga una tapa segura, pues se sabe que los ajolotes trepan hacia afuera.

CALIDAD DEL AGUA

Los excrementos del ajolote y los residuos de comida producen **amoníaco**, por lo que es necesario cultivar bacterias amigables para deshacerse de él. Un buen equipo de prueba de agua de una tienda de acuarios te explicará cómo hacerlo. La temperatura del tanque de agua debe ser de 60 a 68°F (16 a 20°C). Limpia el tanque al menos una vez al mes, y cambia solo el 20 por ciento del agua cada semana, para no perder las bacterias saludables. Trata el agua de la llave con un removedor de cloro antes de añadirla al tanque.

Para mover tu ajolote, atrápalo con una red suave de malla fina que no dañe sus dedos y branquias.

ALIMENTANDO A TU AJOLOTE

Los ajolotes deben ser alimentados una vez al día con artemias, lombrices de sangre, lombrices de tierra o bolitas para ajolotes. Puedes poner la comida en un tazón, en un frasco a un lado o alimentar a tu mascota usando pinzas. Elimina cualquier alimento que no haya comido o se pudrirá.

MANTENLO A OSCURAS

Los ajolotes tienen ojos débiles y odian la luz brillante, así que si el tanque tiene luz, apágala tan a menudo como sea posible. Consíguele a tu mascota algunos escondites oscuros, como una maceta girada de lado o algunos adornos de acuario.

TRITONES

Los tritones están activos durante el día y disfrutan de la vida en grupo. Son mascotas interesantes porque siempre están explorando, buscando comida e interactuando con sus compañeros de tanque.

¿QUÉ ES UN TRITÓN?

Un tritón es un tipo de salamandra. Los tritones de vientre de fuego chinos y japoneses son los tipos más comunes como mascotas. Son semiacuáticos, lo que significa que pasan tiempo tanto en tierra como en el agua. Son felices a temperatura ambiente y pueden vivir más de 15 años.

UN HOGAR PERFECTO

Necesitarás un tanque de 10 galones (37.9 litros) para un máximo de cuatro tritones. Un tercio del tanque debe ser un área de tierra firme. Puedes añadir un trozo de madera o hacer un montículo de grava para crear una rampa para que los tritones salgan del agua. No uses pequeños trozos de grava que tus mascotas puedan tragar, ni nada que tenga bordes afilados.

LA MASCOTA HABLA

Soy un artista del escape, ¡así que por favor asegúrate de que mi tanque tenga una tapa segura!

ALIMENTACIÓN

Los tritones disfrutan de las lombrices, grillos, lombrices de tierra y gusanos, pero pueden vivir felizmente de alimentos para mascotas si no quieres manipular gusanos espeluznantes. Debes alimentar a tus mascotas cada dos días y darles tanta comida como puedan comer en 15 minutos. Retira cualquier alimento vivo no consumido después de 20 minutos. Algunos tritones toman la comida de la mano de su dueño.

MANTÉN EL AGUA LIMPIA

Los tritones necesitan unas 10 pulgadas (25 cm) de agua a una temperatura de 62 a 75°F (16.5 a 24°C) y se debe mantener limpia. Si tienes un filtro, debes cambiar el 25 por ciento del agua cada semana, de lo contrario tendrás que cambiarla cada dos días. Una jeringa de succión es útil para esto, porque puedes sacar el agua más sucia del fondo. Rellena con agua sin cloro a temperatura ambiente.

MANIPULAR A TU MASCOTA

Solo debes tocar a tu tritón si es absolutamente necesario. Los tritones son muy frágiles y gotean toxinas de su piel para protegerse de los depredadores. Si tienes que agarrar a tu mascota, lávate las manos antes y después, o usa guantes de plástico limpios.

RANAS

Las mascotas ranas incluyen ranas **terrestres** que viven en el suelo, ranas arbóreas, ranas acuáticas que pasan toda su vida en el agua y ranas semiacuáticas que viven en el agua y en la tierra.

RANAS FANTÁSTICAS

Las ranas son criaturas asombrosas. Tienen una excelente vista, con ojos que sobresalen de sus cabezas para poder ver en casi todas las direcciones. Nunca cierran los ojos, ¡ni siquiera cuando duermen! Algunas ranas pueden saltar hasta 20 veces la longitud de su cuerpo en un solo salto. Tampoco toman agua porque su piel la **absorbe** a través de un parche para beber que tienen en su vientre.

ALIMENTANDO A TU RANA

Las ranas comen una variedad de insectos vivos, así que si estás pensando en criar ranas, te debes sentir bien manipulando insectos. A las ranas grandes les encanta comer ratones bebé, pero no deben comer demasiados porque podrían ponerse muy gordas.

ELIGIENDO UNA RANA

- **Rana acuática:** Las ranas enanas africanas son pequeñas y activas. Pasan su vida bajo el agua, pero tienen pulmones y respiran aire, por lo que necesitan una buena cantidad de espacio para el aire en la parte superior del tanque. Les va mejor cuando se mantienen en grupos, así que planea conseguir al menos tres.

- **Rana semiacuática:** Las bombinas son muy activas y fáciles de cuidar. Mantenlas en un tanque con agua suficiente para que puedan sentarse en el fondo con sus ojos y fosas nasales sobre la superficie del agua. Puedes crear una pendiente para que puedan salir del agua, o plataformas de corcho que floten en el agua.

- **Rana de árbol:** Las ranas arbóreas de White son buenas mascotas para quienes se dedican por primera vez a la cría de ranas. Las ranas necesitan un tanque alto con tierra o corteza en el fondo y ramas por las que puedan trepar. Estas ranas necesitan una temperatura mínima de 68°F (20°C) y una **humedad** del 70 al 80 por ciento, que puede medirse con un **higrómetro**. Deben ser alimentadas con bichos vivos dos o tres veces por semana.

- **Rana terrestre:** Las «pacman», llamadas así por el videojuego, son bastante grandes, pero no son muy activas, por lo que un tanque de 10 galones (37.9 litros) está bien para ellas. Necesitan algo para escarbar, como fibra de coco o musgo, y un recipiente de agua poco profundo en el que puedan sentarse. Son nocturnas, y deben tener una temperatura no menor a 65°F (18°C).

LA MASCOTA HABLA

Me gustan los cambios de escenario, así que por favor reorganiza las ramas de mi tanque para mantenerme entretenida.

CUCARACHA GIGANTE DE MADAGASCAR

Se les dice «siseantes», y son una de las **especies** más grandes de cucarachas. Vienen de la isla de Madagascar, frente a la costa africana, donde a menudo viven en troncos caídos. A diferencia de la mayoría de las cucarachas, no tienen alas.

GIGANTES GENTILES

Las cucarachas gigantes de Madagascar crecen hasta 3 pulgadas (7.5 cm) de largo y viven de dos a tres años. Son fáciles y baratas de mantener, y tienen una naturaleza suave. Sisean como advertencia cuando están molestas, pero los machos también sisean para atraer a su pareja. Aunque las cucarachas se asocian con lugares sucios, son criaturas muy limpias y no tienen olor.

COMODIDADES DEL HOGAR DE LAS SISEANTES

Un tanque de 10 galones (37.9 litros) es lo suficientemente grande para varias siseantes. Asegúrate de que la tapa esté bien ajustada, porque las cucarachas pueden subir por el vidrio y escaparán pronto si encuentran algún hueco. Tus siseantes necesitarán un lugar dónde esconderse de la luz, así que añade algunos tubos de cartón o cajas de huevos o, para un aspecto más natural, haz un túnel con corteza de árbol.

CALIENTE Y HÚMEDO

Las cucarachas gigantes provienen de las selvas tropicales, por lo que son más felices a temperaturas de 75 a 90°F (24 a 32°C). Esparce tierra húmeda para macetas en la base del tanque y mantén siempre húmedo el recinto rociándolo con agua. Los tanques de las cucarachas no se ensucian mucho, pero deben limpiarse con frecuencia porque puede crecer moho, que causa alergias en los seres humanos.

COMIDA Y BEBIDA

A las cucarachas siseantes les gustan las frutas y los vegetales frescos, especialmente zanahorias, manzanas y plátanos, y también necesitan alimentos ricos en proteínas, como comida seca para perros o gatos. Retira cualquier alimento sobrante para que no se pudra. Dale a tus mascotas un pequeño plato de agua con un pedazo de esponja o algodón para evitar que se ahoguen. También chuparán las gotas de agua de los lados de la jaula cuando la rocíes.

BEBÉS

Es fácil diferenciar entre las siseantes masculinas y femeninas, ya que los machos tienen cuernos en la parte posterior de la cabeza. A menos de que tengas espacio para un gran número de cucarachas bebés, deberías tener dos machos. Si tienes una pareja mixta, o si tu cucaracha hembra estuvo en contacto con un macho antes de traerla a casa, ¡podrías terminar con aproximadamente de 20 a 60 bebés!

INSECTOS PALO Y MANTIS

Los insectos palo y las mantis religiosas tienen dietas diferentes, pero necesitan hogares similares. Un tanque o incluso un frasco grande y alto de vidrio será adecuado para cualquiera de las mascotas. Debes rociar el recinto con agua cada pocos días, para que puedan tomar las gotas de agua de las hojas.

UN RECINTO ALTO

Los insectos palo y las mantis se desprenden de sus exoesqueletos o caparazones aferrándose a una rama y saliendo del anterior. Necesitan un recinto que sea al menos tres veces más alto que un insecto adulto completamente desarrollado. Si no tienen espacio para salir de su viejo exoesqueleto, pueden quedar atascados y morir. El piso debe estar cubierto con un paño de cocina para facilitar la limpieza y la parte superior debe tener hoyos de **ventilación**, o estar cubierto con una red, para que tus mascotas reciban suficiente aire fresco.

DIETA DE HOJAS

Los insectos palo necesitan hojas y ramas frescas en todo momento. Coloca las ramas en un frasco de agua. Las hojas seguras para tus mascotas son las del aliso, rosa, roble, avellano y zarza (pero solo las hojas más viejas, no el palo verde que crece de nuevo). Asegúrate de que no hayan sido rociadas con insecticida o herbicida.

BEBÉS

Los insectos palo hembra pueden producir crías sin pareja. Si ves huevos en el fondo del recinto es mejor retirarlos, ¡o tendrás muchísimos bebés!

RECINTOS PARA LAS MANTIS RELIGIOSAS

A las mantis religiosas les gusta sentarse en lo alto, así que llena su recinto con ramas o plantas artificiales sobre las que puedan trepar. La base debe estar cubierta con un material que pueda mantenerse húmedo, como un paño de cocina, tierra para macetas, corteza triturada o arena, para que el recinto se mantenga húmedo. Las mantis vienen de partes cálidas del mundo, por lo que tu mascota puede necesitar una pequeña almohadilla térmica en invierno.

UNA DIETA DE INSECTOS

Las mantis son depredadores de emboscada, lo que significa que están al acecho, listas para abalanzarse sobre su presa insecto. Si no te gusta alimentarlas con insectos vivos, una mantis religiosa no es para ti. Una mantis adulta comerá uno o dos grillos o moscas al día, y las presas no comidas deben retirarse después de una hora.

MUDA

Una mantis dejará de comer un día o dos antes de desprenderse de su exoesqueleto. Es especialmente importante retirar del recinto cualquier alimento no consumido en este momento porque una mantis recién mudada podría ser herida por su presa. No alimentes a tu mantis durante las 24 horas siguientes a la muda ni trates de agarrarla durante este tiempo.

LA MASCOTA HABLA

Me crecen alas cuando soy adulta, así que podría volar si me dejas salir.

TARÁNTULAS

Las tarántulas son mascotas fascinantes. Hay dos tipos de tarántulas: las terrestres, que viven en el suelo y les gusta escarbar, y las arbóreas, que viven en los árboles. Si es tu primera amiga tarántula, se recomienda una terrestre ya que son más fáciles de cuidar.

VIVIENDA

Las tarántulas no son criaturas sociales, por lo que tu mascota debe tener un recinto solo para ella. Lo mejor sería un tanque de 5 galones (19 litros). Agrega de 2 a 4 pulgadas (5 a 10 cm) de tierra en el piso del tanque para que tu araña pueda excavar. Tu mascota también querrá un lugar para esconderse, como un tronco hueco o una maceta volteada de lado. A las tarántulas no les gustan las luces brillantes, así que mantén el tanque lejos de la luz solar directa. La temperatura en el tanque debe ser de 75 a 85°F (24 a 29°C). Puedes comprar almohadillas para calentar el tanque en muchas tiendas de mascotas.

ALIMENTACIÓN

Las tarántulas adultas solo necesitan comer una o dos veces por semana. Su dieta principal son los grillos vivos, pero puedes alimentarlas con gusanos o cucarachas de vez en cuando. Una gran parte del cuidado de una tarántula es también el cuidado de los grillos vivos que comerán. Los grillos deben cubrirse con polvo de vitaminas antes de dárselos a tu amiga araña.

CONSEJOS DE SALUD

Si el nivel de humedad en el tanque de tu mascota no es lo bastante alto, esta podría enfermarse. Puedes medir el nivel de humedad con un higrómetro. Dependiendo de la especie de tarántula que tengas, necesitarás rociar a tu mascota con agua una vez por semana o con mayor frecuencia. También debes mantener un plato de agua poco profundo en el tanque.

LA MASCOTA HABLA

Por favor, pon rocas pequeñas en mi plato de agua para tener algo en qué trepar, pues de lo contrario podría ahogarme.

MIRA, PERO NO TOQUES

Deberías pensar en tu tarántula como en un pez: es solo para observarla. Algunas personas manipulan a sus tarántulas, pero no es recomendable. Las tarántulas muerden, y sus mordeduras contienen veneno, aunque la cantidad de veneno es similar a la de una abeja. Pero así como una picadura de abeja puede lastimar seriamente a los humanos, las mordeduras de tarántula también pueden hacerlo.

CUESTIONARIO SOBRE MASCOTAS INUSUALES

¿Qué tanto sabes sobre tu mascota inusual? Haz esta prueba para averiguarlo.

1 **¿Qué clase de animales son las chinchillas y los degus?**

a. Reptiles
b. Roedores
c. Anfibios

2 **¿Cómo sabes si una chinchilla tiene mucho calor?**

a. Empieza a sudar
b. Se acuesta de espaldas
c. Sus orejas se vuelven rojas

3 **¿Cuándo están más activos los degus?**

a. Durante el día
b. Al amanecer y al anochecer
c. Por la noche

4 **¿Qué altura debe tener el tanque de una serpiente?**

a. Un tercio de su longitud adulta
b. Su longitud adulta completa
c. El doble de su longitud adulta

5 **¿En qué se diferencian los ajolotes de la mayoría de las salamandras?**

a. Pasan toda su vida en tierra
b. Son vegetarianos
c. Pasan toda su vida bajo el agua

6 ¿Por qué debes evitar manipular a tus tritones si es posible?

a. Tienen una piel muy frágil
b. Su piel produce toxinas
c. Por ambas razones

7 ¿Qué clase de rana es la bombina?

a. Terrestre
b. Semiacuática
c. De árbol

8 ¿Cómo distingues a las cucarachas siseantes machos de las hembras?

a. Los machos tienen alas
b. Las hembras son de color más claro
c. Los machos tienen grandes cuernos detrás de la cabeza

9 ¿Por qué los insectos palo y las mantis religiosas necesitan un recinto alto?

a. Necesitan hacer mucho ejercicio
b. Para tener espacio y salir de su viejo exoesqueleto
c. Necesitan espacio para saltar

10 ¿Con qué frecuencia necesitan comer las tarántulas adultas?

a. Cada cuatro horas
b. Una o dos veces por semana
c. Una vez al día

RESPUESTAS DEL CUESTIONARIO

1 ¿Qué clase de animales son las chinchillas y los degus?

b. Roedores

2 ¿Cómo sabes si una chinchilla tiene mucho calor?

c. Sus orejas se vuelven rojas

3 ¿Cuándo están más activos los degus?

a. Durante el día

4 ¿Qué altura debe tener el tanque de una serpiente?

b. Su longitud adulta completa

5 ¿En qué se diferencian los ajolotes de la mayoría de las salamandras?

c. Pasan toda su vida bajo el agua

6 ¿Por qué debes evitar manipular a tus tritones si es posible?

c. Por ambas razones

7 ¿Qué clase de rana es una bombina?

b. Semiacuática

8 ¿Cómo distingues a las cucarachas siseantes masculinas de las femeninas?

c. Los machos tienen grandes cuernos detrás de la cabeza

9 ¿Por qué los insectos palo y las mantis religiosas necesitan un recinto alto?

b. Para tener espacio y salir de su viejo exoesqueleto

10 ¿Con qué frecuencia necesitan comer las tarántulas adultas?

b. Una o dos veces por semana

APRENDE MÁS

LIBROS

Crossingham, John y Bobbie Kalman. *The Life Cycle of a Snake.* Crabtree Publishing, 2003.

Houser, Grace. *Chinchillas (Our Weird Pets).* PowerKids Press, 2017.

Silverstein, Dr. Alvin y Dra. Virginia Silverstein y Laura Silverstein Nunn. *Hissing Cockroaches: Cool Pets!* Enslow Elementary, 2011.

GLOSARIO

absorbe: que atrae y reteniene algo

adaptará: que se acostumbrará a las nuevas condiciones

amoníaco: producto químico con olor fuerte que es perjudicial para los animales

anfibios: animales que empiezan su vida bajo el agua como larvas con branquias. Cuando son adultos, la mayoría desarrollan pulmones, respiran aire y viven en tierra.

bacterias: cosas vivas microscópicas que se encuentran en todas partes

branquias: órganos a un lado de la cabeza que actúan como pulmones y absorben el oxígeno del agua

cautiverio: estar encerrado en un espacio, no poder estar en libertad

cloro: producto químico en el agua de la llave que mata las bacterias

depredadores: animales que cazan y se comen a otras criaturas

domesticarla: entrenar a una mascota para que sea amable y gentil

especies: grupos de organismos cuyos miembros están estrechamente relacionados

esterilizados: animales que han sido operados para evitar que hagan bebés

excavar: cavar un agujero o túnel para esconderse

extinta: que ya no existe

hibernación: dormir durante el invierno

higrómetro: instrumento que mide la humedad

humedad: vapor de agua en el aire

invertebrados: animales sin columna vertebral

larvas: forma recién nacida de un pez, anfibio o insecto

moho: tipo de hongo

nocturnos: animales que duermen durante el día y están activos por la noche

parásitos: animales que viven en otras criaturas o encima y se alimentan de ellas

piedra difusora: aparato que aumenta la circulación del agua y el oxígeno en ella

presas: animales que son cazados por otros

reptiles: animales con piel escamosa que se arrastran sobre sus vientres

roedores: animales que roen y tienen una especie de dientes incisivos que siempre están creciendo

salobre: agua ligeramente salada, una mezcla de agua de mar y de río

sangre fría: animales cuya temperatura corporal cambia según su entorno

terrestres: animales que viven en el suelo

toxinas: sustancias venenosas

ultravioleta (UV): parte de la luz solar que es invisible para los humanos, pero visible para algunos seres vivos

ventilación: permitir un flujo de aire adecuado

ÍNDICE ANALÍTICO